HENRY DE SAINT-LÉON

L'INTERNATIONALE

ET

SES MYSTÈRES

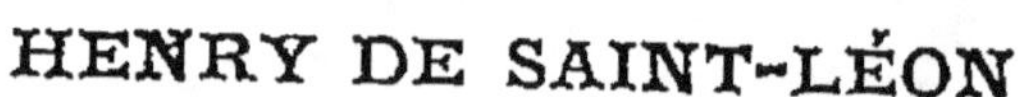

> L'*Internationale* est une société de guerre et de haines ; elle a pour base l'athéisme et le communisme, pour but la destruction du capital et l'anéantissement de ceux qui possèdent.....
>
> Jules FAVRE.

> Partout où se produit un trouble social , *l'Internationale* intervient pour l'aggraver ; partout elle se fait l'inévitable auxiliaire du désordre.
>
> M. THIERS.

PARIS
CHARLES DOUNIOL
libraire-éditeur
29, RUE DE TOURNON

TOULOUSE
DELBOY PÈRE
libraire-éditeur
71, RUE DE LA POMME

1872

TOULOUSE. IMP J.-M. BAYLAC, RUE DE LA POMME.

L'INTERNATIONALE

ET

SES MYSTÈRES

L'Internationale, son caractère.

En ce temps-là, M. Jules Favre était alors ministre des affaires étrangères, il adressait à tous nos agents diplomatiques la communication suivante :

« L'Internationale est une société de
» guerre et de haine, elle a pour base
» l'athéisme et le communisme, pour
» but la destruction du capital et l'anéan-
» tissement de ceux qui possèdent, pour
» moyen la force brutale du grand
» nombre, qui écrasera tout ce qui
» essayera de résister ; l'Europe est en
» face d'une œuvre de destruction systé-
» matique dirigée contre chacune des
» nations qui la composent, et contre
» les principes mêmes sur lesquels repo-
» sent toutes civilisations. C'est là une
» situation grave ; elle ne permet pas
» au gouvernement l'indifférence et l'i-
» nertie ; il serait coupable, après les

» enseignements qui viennent de se pro-
» duire, d'assister impassible à la ruine
» de toutes les règles qui maintiennent
» la moralité et la prospérité des peu-
» ples. »

Tel était le langage tenu par le ministre républicain qui fut en partie la cause première des désastres de la Commune, en demandant à M. de Bismark le maintien armé de la garde nationale. « Vous désirez que la garde nationale reste armée, disait M. de Bismark à M. Jules Favre à Ferrières, je ne vous le conseille point, et rappelez-vous ce que je vous déclare en ce moment; ces baïonnettes que vous défendez aujourd'hui avec tant d'ardeur, se tourneront demain contre vous. » Le grand chancelier prussien prophétisait, et nous avons assisté aux terribles débordements de l'insurrection du 18 mars.

Quelle est l'existence de cette société, où vit-elle, quelle est son origine, son but? L'Internationale des travailleurs; tel est son vrai nom, a son essence non-seulement en France, mais dans toute l'Europe. Elle a son siége dans toutes les capitales du monde, à Paris, à Londres, à Berlin, à Vienne, à Saint-Pétersbourg, à Rome, à Bruxelles et à Genève. C'est à Londres, surtout, que se trouve le grand quartier-général de cette société dite des fainéants et non des travailleurs.

Là se trouvent réunis les citoyens Karl Marx, Vésinier, Vermorel, Félix Pyat, le teinturier Malon, Bergeret, Cluseret, La Cécilia, Lebeau, Serraillier, Dombroski, Woloski, etc., gens de toute nation et de tous pays, existences cosmopolites et bohémiennes, ne vivant que d'expédients et de mensonges. Ils tiennent les grandes assises de la Révolution, et épient le moment favorable de recommencer un second 18 mars. C'est une conspiration permanente qui, par n'importe quels éléments, veut arriver à la suppression de la propriété, de la famille et de la religion.

Ainsi, le 2 mai 1871, en pleine France, en plein Paris, le Conseil fédéral, au nombre desquels se trouvait un rédacteur du *Siècle,* ainsi que nous l'a dévoilé à la Chambre l'honorable M. Depeyre, dans son remarquable discours du 6 mars dernier, se trouvait, dis-je,

comme signataire, le citoyen Chaudey, qui fut une des victimes de ces misérables incendiaires. Voici un des articles de la société des fédéralistes : « L'asso-
» ciation internationale des travailleurs,
» conspiration permanente de tous les
» opprimés et de tous les exploités,
» existera malgré d'impuissantes persé-
» cutions, tant que n'auront point dis-
» paru tous les exploiteurs, capitalistes,
» prêtres et aventuriers politiques. »
Vous le voyez, conspiration perma-nente contre le droit des gens, de la famille et de la propriété. Ils ont un instant assouvi leurs vengeances, ils ont triomphé du 18 mars au 27 mai. Ils ont accompli leur infâme programme. Prêtres, artisans, ouvriers, leur faux tranchait tout ce qui se trouvait sur leur passage. Quel mal leur avaient fait Monseigneur Darboy, l'abbé Deguerry, les Dominicains et les Frères ; c'étaient des religieux, des honnêtes gens, il fallait les faire disparaître de leur société crapuleuse ; et les généraux Clément Thomas et Lecomte, les gendarmes de la rue du Haxo, sans compter toutes les nombreuses victimes qui sont tombées sous leur rage insensée et en délire.

Londres a été choisi par eux pour leur siége principal. C'est là que se tient le grand conseil général, qui se subdivise ensuite par des sections fédérales. Karl Marx définit dans une phrase l'action générale de la secte. « Le Congrès, dit-il, » c'est la tête; le Conseil général, c'est » le cœur; la Section, c'est le bras. »

Prise au début, il est évident que les principes de l'Internationale furent créés pour la moralisation des masses. Mais malheureusement les hommes qui l'ont patronée, ont été entraînés dans des courants bien opposés. Ils ont complétement dévié sur une voie qui leur a été fatale; au lieu de devenir une société civilisatrice, elle s'est perdue dans une action contraire aux principes même de l'humanité.

Voici une de leurs opinions au sujet de la rénovation des grandes forces sociales, émise au Congrès de Genève en 1866:

« L'armée, la police, les hôpitaux, » maisons de refuge et de correction, » salles d'asile, crèches, et autres insti- » tutions charitables, la religion elle- » même, sont d'abord payés et entrete- » nus par le prolétaire, ensuite dirigés

» contre lui ; de telle sorte que le prolé-
» tariat travaille non-seulement pour la
» caste qui dévore, mais encore pour
» celle qui le flagelle et l'abrutit. »

Tel est le courant de leur fausse doc-
trine, et cependant ceux-là même qui
professaient de semblables idées, ont
ensuite été chassés et bafoués ; ils ont
dû en se retirant protester à leur tour,
on les trouvait beaucoup trop modérés
dans leur langage, et cependant cette
logique trompeuse les conduisait en
ligne directe au communisme le plus
éhonté.

Trois ans plus tard, en 1869, on tint
à Bruxelles un second Congrès. Que s'y
passa-t-il ? L'on formula des propositions
étranges. La Belgique est en partie
recouverte sous sa surface de mines de
charbons, ce qui fait sa fortune. Les bas-
sins houillers de Charleroy et de Namur
desservent une partie de notre con-
tinent, et les richesses de ces mines
coopérent au bien-être de la libre Belgique ; aussi ce congrès fixa-t-il son at-
tention sur ces immenses richesses, qui
devinrent le juste objet de leurs désirs
et de leurs convoitises. Il fut décidé, en

principe que les carrières, chemins de fer, les canaux et les terres arables, devaient appartenir de droit à la collectivité; l'on ne fut point d'accord avec le congrès qui s'était tenu l'année antérieure, et la majorité se séparant formèrent une nouvelle section sous le nom de : L'ALLIANCE INTERNATIONALE DE LA DÉMOCRATIE SOCIALISTE. Ils déclarèrent adhérer entièrement au programme de l'Internationale des travailleurs. Travailleurs et ouvriers eux-mêmes, ils ne faisaient que porter leur pierre à l'édifice social qu'ils voulaient relever, ils obéissaient aux réglements des statuts de Londres, et rédigèrent un programme dont voici le texte :

1° L'Alliance se déclare athée; la négation de Dieu étant leur base fondamentale, elle demande l'abolition des cultes et la substitution de la science à la foi et de la justice humaine à la justice divine.

2° Elle veut avant tout l'égalisation politique, économique et sociale des choses et des individus des deux sexes, en commençant par l'abolition du droit de l'héritage, afin qu'à l'avenir la jouissance soit égale à la production de chacun, et que, conformément à la décision prise par le dernier congrès des ouvriers à Bruxelles, la terre, les instruments de travail, comme tout autre capital, devenant la propriété collective de la société tout entière, ne puissent être utilisés que par les travailleurs, c'est-à-dire par les associations agricoles et industrielles.

3° La question sociale ne pouvant trouver sa solution définitive et réelle que sur la base de la solidarité internationale, l'Alliance repousse toute politique fondée sur le soi-disant patriotisme et sur la rivalité des nations.

Aussitôt que le Comité central de Londres eut connaissance de cette nouvelle association, il lança une circulaire à tous les comités, leur annonçant qu'il s'associait et applaudissait de tout cœur au programme et statuts de la nouvelle Alliance. Procès-verbal fut rédigé en règle, et adressé au président à Bruxelles.

Les voici maintenant réunis en Suisse; le 15 septembre 1871, ils choisissent

Bâle pour lieu de leur réunion. Mais ici, leur triomphe devient complet, et l'Internationale elle-même s'efface en présence des propositions les plus excentriques, que l'imagination humaine puisse inventer.

Monsieur Bakounine, un des membres les plus actifs de la société des travailleurs, fit la proposition suivante:

Je vote pour la collectivité du sol en particulier, et en général de toute la richesse sociale, dans le sens de la liquidation sociale. J'entends par liquidation sociale, l'expropriation, en droit, de tous les propriétaires actuels, par l'abolition de l'état politique et juridique qui est la sanction et la seule garantie de la propriété actuelle et de tout ce qui s'appelle le droit juridique; et l'expropriation de fait, partout et autant qu'elle sera possible et aussi vite qu'elle sera possible, par la force même des événements et des choses.

Je demande la destruction de tous les Etats nationaux et territoriaux, et sur leurs ruines, la fondation de l'Etat international des travailleurs.

Voilà la proposition qui a été faite à

Bâle, et dont le vote a donné pour résultat : cinquante-quatre voix pour la propriété collective ; treize abstentions, et quatre absences.

Il en est de même à Genève, où les réfugiés Français, sous la présidence de Razoua, ont formé une association internationale, en se joignant au comité de Londres. En effet, je trouve dans une correspondance de ce dernier, envoyée à *l'Emancipation* de Toulouse, le 25 octobre 1871, l'origine des Internationaux du Midi de la France, j'y lis une discussion des frères et amis, les citoyens Serraillier et tutti quanti... Ils ne sont point d'accord sur les principes de leurs statuts ; voici un extrait de leur règlement :

ASSOCIATION INTERNATIONALE DES
TRAVAILLEURS

Section française de 1871.

Article premier. — Il est formé à Londres, entre tous les citoyens qui adhéreront aux présents statuts, une section de l'association internationale des travailleurs dite : section Française.

Art. 3. — La section Française a pour but de mettre en pratique les résolutions énoncées dans les considérants des statuts généraux de l'association internationale des travailleurs.

Art. 11. — Conformément à l'article 12 des statuts généraux, la section enverra un ou plusieurs délégués aux congrès annuels, un ou plusieurs délégués seront envoyés au congrès général.

Tout membre de la section s'engage à n'accepter aucune délégation au Conseil général autre que sa section.

Art. 12. — Conformément à l'article 5 des Statuts généraux et à l'article 5 du règlement annexé, le Conseil de la section se mettra en relation avec le Conseil général et avec tout autre groupe constitué, poursuivant le même but que la section.

Qu'est-il arrivé. Cette section a été repoussée par le comité central, par une fin de non recevoir, puisque quatre lettres à lui adressées sont restées sans réponses et sans résultats.

Le citoyen Razoua cherche cependant

à démontrer les bons rapports qui existent entre eux, que la scission est impossible. Il tempête contre le Conseil général qui outrepasse ses droits, et lui répond par son article V, ainsi conçu :

« Art. V. Le Conseil général établira des relations avec les différentes associations ouvrières, de telle sorte que les ouvriers de chaque pays soient au courant des mouvements de leur classe dans les autres pays ; qu'une enquête sur l'état social soit faite simultanément et dans un même esprit ; que les questions proposées par une Société et dont la discussion est d'un intérêt général, soient examinées par toutes, et que, lorsque une idée pratique ou une difficulté internationale réclamerait l'action de l'*Association*, celle-ci puisse agir d'une manière uniforme. — Lorsque cela lui semblera nécessaire, le Conseil général prendra l'initiative des propositions à soumettre aux sociétés locales ou nationales.

» Il publiera un bulletin pour faciliter ses communications avec les sections. »

En prenant pour base l'article 5, l'on voit que le prolétariat domine et veut dominer toutes les castes; ils sont évidemment plus nombreux que ceux qui possèdent. Mais où veulent-ils en venir tous ces mirmidons de la vouyoucratie? Ils se déchirent entre eux, ils font des lois pour régénérer à leur image et à leur ressemblance la grande famille humaine, et vous le voyez, la désunion est dans leur propre camp : de conseils à section fédérale, il n'y a point d'entente, ils ont beau tambouriner, faire sonner les grelots de la démocratie radicale, le peuple honnête reste sourd et muet à leurs hurlements discordants.

Voici une proclamation de cinq membres de l'Internationale, datée de Genève le 25 décembre 1871, en réponse à une séance du Conseil général de Londres, avec laquelle ils étaient en désaccord, tout en avouant cependant leur solidarité avec le comité de Londres, et déclarant que l'harmonie la plus complète ne cesse et ne cessera jamais de régner. Quand un est frappé, disent-ils, tous le sont, tous doivent intervenir. Voici le pamphlet qu'ils ont lancé à son de trompes, à leurs frères et amis :

L'*Internationale* doit aussi lutter au jour le jour contre le capital. Ici il ne saurait y avoir de divergences; la solidarité la plus étroite; quand un est frappé, tous le sont, tous doivent se prêter un mutuel concours.

Si des discussions sur ces questions vitales au premier chef s'ouvraient dans les sections, les préoccupations, les animosités de personnes s'effaceraient vite, et l'harmonie complète ne tarderait pas à renaître dans notre chère *association*, qui a tant besoin de toutes ses forces pour continuer de grandir au milieu de tant d'épreuves.

Et ce n'est pas en écrivant les lettres sur le ton de celles que nous réfutons, ce n'est pas en s'offensant de la discipline, qu'on atteindra ce résultat si désirable.

Quant à nous, nous sommes bien décidés à nous en tenir aux principes fondamentaux de l'*Internationale* :

Equilibre des droits et des devoirs;

Emancipation des travailleurs par les travailleurs eux-mêmes;

La pratique de la vérité, de la morale et de la justice envers tous les êtres humains;

Les efforts solidaires des travailleurs ne doivent pas tendre à constituer de nouveaux priviléges, mais à réaliser l'égalité sociale, en abolissant les frontières, en détruisant toute domination de classe;

Sans nous inquiéter des résolutions attentatoires à ces principes, qui pourraient être prises soit en réglementant les groupes, soit en adressant des *votes de confiance* à des conseils quelconques, abdication véritable, indigne de ceux qui adoptent les principes de l'*Internationale;*

Nous continuerons autour de nous la propagande, l'étude et la pratique de la solidarité.

Ainsi nous resterons utiles à l'*Association internationale des Travailleurs,* dont nous sommes si fiers d'être membres, et qui disposera toujours de notre dévouement absolu.

Genève, le 25 décembre 1871.

DUMAY — G. LEFRANÇAIS — F. FESNEAU — B. MALON — JULES MONTELS — E. RAZOUA, *membres de* l'INTERNATIONALE.

Ils traitent la question financière à la même hauteur que la question sociale. Le révolutionnaire Jourde, aux beaux temps de la Commune, avait élaboré un projet financier aussi plaisant que ridicule. Il avait mis la France entière aux enchères ; et par la conception de son système, il avait, disait-il, trouvé le moyen le plus simple de solder les Prussiens, d'indemniser les bombardés et de payer les propriétaires que les désastres de la guerre avaient ruinés ; mais le délégué du ministère des finances simplifie singulièrement son projet le 22 mai, par son arrêté historique : Faites flamber finances.

Voici son fantastique projet :

La France vaut, à être vendue au premier marchand assez riche pour la payer, cent cinquante-trois milliards.

Cette fortune est répartie dans les proportions suivantes :

Quarante-trois milliards appartiennent à des possesseurs de moins de cent mille francs.

Cent dix milliards, à des détenteurs d'un capital supérieur à ce chiffre.

La Commune considérant qu'en droit strict et en bonne justice, les charges extraordinaires incombant au pays par suite d'une guerre anti-sociale, entreprise dans l'intérêt exclusif de quelques privilégiés, doivent être supportées par le capital;

Décrète :

Art. 1ᵉʳ. — Un impôt unique et progressif frappera d'un droit de un pour cent tout possesseur d'une fortune de cent à deux cent mille francs.

Art. 2. — Cette taxe suivra l'échelle progressive suivante : Augmentation de un pour cent par chaque somme de cent mille francs déclarée. (Exemple : 500,000 fr. payeront 5 p. 100; 1,000,000 de fr. 10 p. 100.) La gradation s'établissant sur les millions jusqu'à un maximum de 20 p. 100.

Art. 3. — Dans le délai d'un mois, tout citoyen sera tenu de faire au chef-lieu de son canton la déclaration du chiffre net de son avoir, ainsi que cela se pratique en Angleterre pour l'*income-tax*.

En cas de fausse déclaration, le délinquant sera frappé d'une amende égale à la moitié de sa fortune.

Art. 4. — Pour parer aux difficultés de la situation financière créée par la guerre et pour faciliter la perception de l'impôt ci-dessus établi, la Banque de France est autorisée à émettre des bons hypothécaires garantis par l'Etat et la signature de l'imposé, qui sera tenu de les rembourser dans une période de dix années.

Ces bons hypothécaires porteront intérêt à 3 0/0. Ils seront aù porteur.

Généalogie de l'Internationale.

Les tristes événements de Paris, et dont une portion de la France a été en 1871 le sanglant théâtre, ont réveillé dans la mémoire de l'historien des souvenirs qu'il avait déjà depuis longtemps prévus, sous le régime du second empire, et prédit les funestes conséquences.

Déjà, depuis longtemps, nous annoncions à nos amis les points noirs qui couvraient l'horizon, et les échos Anglais, Genevois, Belges, Allemands,

Italiens, Russes et Espagnols, répondaient à nos justes alarmes, à nos plaintes multipliées. Nous avions déclaré en outre, que l'unité Italienne avait engendré l'unité Allemande, mais qu'ils ont été les auxiliaires les plus puissants de ces entreprises néfastes pour notre malheureuse Patrie. L'insurrection de 1871 n'est point sortie de son essort spontané de notre sol Français, non, cette tâche pour notre histoire n'est point notre œuvre exclusive; il suffit de jeter ses regards sur les hommes qui se trouvaient à la tête de tous les mouvements révolutionnaires, et nous verrons figurer les noms les plus étrangers à notre pays. Or, le 4 septembre et les opinions qui l'a dirigé, sont les mêmes qui se renouvelèrent il y a plus de 80 ans, dans Paris; immortelle Révolution qui a accumulé à sa suite tant de luttes sanglantes, tant de ruines et tant de dueil.

Depuis le serment du Jeu de Paume, jusqu'au 21 janvier 1793, depuis Napoléon Ier jusqu'aux cent jours, et son expiation sur le rocher de Sainte-Hélène, depuis 1830, où le drapeau rouge fut promené dans Paris, arrêté par Lamartine à l'Hôtel-de-Ville, en s'écriant à cette multitude avinée : que le drapeau rouge n'avait fait que le tour du Champ de Mars, baigné dans le sang du peuple, et depuis 1830, dis-je, jusqu'en 1852, et de 1852 à 1871, c'est toujours le même chaînon, qui est traîné sur la claie de notre pauvre France.

Voici du reste la généalogie complète du 18 mars, racontée par Nicolas Machiavel dans le *Figaro* du 15 mars 1872. Ces lignes, écrites avec beaucoup d'esprit et de prècision, sont l'image frappante de la société communarde :

Voici la généalogie de Notre-Seigneur le *dix-huit mars*, natif de Belleville, telle qu'elle a été racontée dans les Ecritures :

En ce temps-là, naquit en dehors de la porte Saint-Antoine, au milieu des décombres de la Bastille, le patriarche *quatorze juillet.*

Le *quatorze juillet* engendra le *cinq octobre* et le *six octobre* son frère, qui envahirent le palais de Versailles, transpercèrent à coups de piques le lit de la reine, et ramenèrent prisonnier à Paris le *boulanger*, la *boulangère* et le *petit mitron*.

Le *cinq octobre* engendra le *dix-sept juillet* 1791, qui vit Lafayette traîner le drapeau rouge dans le sang du peuple, tout autour du Champ-de-Mars.

Le *dix-sept juillet* engendra le *vingt juin* 92, qui engendra le *dix août*. Le *dix août* engendra le *deux septembre*, qui massacra dans les prisons cent fois plus d'otages que ne devait en immoler plus tard son arrière petit-fils.

Le *deux septembre* engendra le *vingt-et-un janvier*, qui tua un roi, et son frère le *seize octobre*, qui fit mourir une reine.

Le *vingt-et-un janvier* engendra le *trente-et-un mai*; qui mit à mort les Girondins et à terreur la France entière. Le *trente-et-un mai* engendra le *neuf thermidor*, qui renversa Robespierre. Le *neuf thermidor* engendra le *douze germinal*, qui engendra le *premier prairial*, qui présenta à Boissy d'Anglas, portée au bout d'une pique, la tête du député Féraud.

Le *premier prairial* engendra le

treize vendémiaire, qui vit Bonaparte et Barras mitrailler les Parisiens du haut des marches de Saint-Roch. Le *treize vendémiaire* engendra le *floréal* et son héros Gracchus Babœuf. Le *vingt floréal* engendra le *dix-huit fructidor*, qui engendra le *dix-huit brumaire*.

Le *dix-huit brumaire* engendra le *vingt mars* (1815) et attira sur le pays deux invasions des Moabites, des Ammonites et des Amalécites, qui ravagèrent toute la contrée et tuèrent beaucoup d'hommes.

Le *vingt mars* (1815) engendra le *vingt-neuf juillet* (1830), qui engendra le *cinq juin* (1832) au cloître Saint-Merry, qui engendra le *douze avril* (1834) dans la rue Transnonain, qui engendra le *douze mai* (1839) avec Barbès et Blanqui ; le *douze mai* engendra le *vingt-quatre février* (1848).

Le *vingt-quatre février* engendra le *vingt-quatre juin* ; le *vingt-quatre juin* engendra le *deux décembre* ; le *deux décembre* engendra le *quatre septembre*. Le *quatre septembre* engendra le *trente-et-un octobre*, qui engendra le *vingt-deux janvier* ; et c'est de celui-ci que naquit le *dix-huit mars*, qui est appelé la Commune.

Ce n'est pas pour rien, monsieur, que j'emprunte aux évangélistes cette phraséologie monotone. C'est qu'en effet le dix-huit mars et la Commune constituent le *Nouveau Testament* de la Bible révolutionnaire, dont la prise de la Bastille forme l'*Ancien Testament.*

Le 14 juillet et le 18 mars composent un cycle complet. Toutes vos révolutions s'enchaînent avec une rigueur inflexible. Vos vingt-sept insurrections s'emboîtent les unes dans les autres avec une précision mathématique. Plus riche que l'Enfer du Dante, qui n'en comptait que neuf, votre enfer à vous autres comprend déjà vingt-sept cercles concentriques !

Mazzini et l'Internationale en Italie.

Mazzini vient de mourir. C'est à Pise, au sein même de sa patrie, qu'il vient de rendre son dernier soupir. Cette grande voix révolutionnaire vient de s'éteindre, et son souffle pestilentiel ne se fera plus sentir sur le flot populaire.

après avoir joué un rôle des plus
assifs dans l'histoire de la révolution
osmopolite, il est mort sans avoir vu
a réalisation de ses vœux et de ses
spérances. Voilà une épée de Damoclès
le moins de suspendue sur la tête des
ouverains, épée qui n'a jamais frappé
personne, tant sa puissance fut infinité-
simale.

Chef de la Révolution carbonariste, il
fut aussi un des membres les plus actifs
de l'Internationale ; carbonarisme ou
internationalisme, c'est la même chose.
Il n'y a de différence que dans la déno-
mination. C'est dans la Calabre, en 1820,
que se constituèrent ces sociétés. Après
les journées de 1830, Mazzini s'appuya
sur le concours des bonapartistes pour
agrandir le domaine de ses opinions
révolutionnaires. Guillaume Libri, qui
avait quitté Paris, vint à Florence,
annonçant que Louis-Philippe, le nouveau roi des Français, partageait les
opinions libérales et républicaines, et
forma un complot pour forcer le gouvernement à proclamer un régime cons-
titutionnel. Mais ce projet avorta et
on constitua alors une société sous le

nom de la jeune Italie. Mazzini vint en France et établit à Marseille le siége de cette société. Son but fut celui de toute sa vie : de remplir le rôle d'apôtre, de faire connaître ses principes et créer une force suffisante pour le bouleversement de ses oppresseurs. Il avait ses affiliés qui avaient chacun leurs rôles, et se divisaient en décuries et centuries. Chaque membre devait avoir un fusil et grand nombre de cartouches, pour attendre le moment opportun de constituer le gouvernement révolutionnaire.

Pierre Bastogi, Henry Mayer et Guerrazzi, s'associèrent aux projets de Mazzini. Ils proclamèrent l'alliance du principe politique avec le principe religieux, fondèrent une nouvelle synthèse religieuse, et semèrent les premiers germes de l'unité italienne qui, sous le gouvernement du second empire, prit des proportions gigantesques, grâce à la protection de l'homme de Sedan, qui était lui-même un des affiliés les plus influents des Carbonaristes. Et ici, permettez-moi de retracer une anecdote véridique qui se passa à Paris, aux premiers jours du second empire.

Quelques jours après le coup d'Etat de 1852, Mazzini se trouvait alors traqué et poursuivi par la police de Napoléon III. Que fit Mazzini pour échapper à ces poursuites ? Il se déguisa en gendarme, et sous cet ingénieux travestissement, il se rend au palais de l'Elysée, et parvient à l'aide de son uniforme à se présenter à l'empereur.

Me reconnaissez-vous, dit Mazzini, en abordant Napoléon.

» Non, dit l'empereur.

» Et bien, je suis Mazzini, que vous avez connu à Londres.

» Que voulez-vous ?

» Je désire échapper à votre police.

» Où voulez-vous vous diriger ?

» Je demande à rentrer en Angleterre.

» Vous y serez demain, lui répondit l'empereur, et séance tenante, il lui donna de sa propre main un laisser-passer pour traverser tranquillement la Manche.

Malgré les mêmes opinions que professaient Mazzini et le révolutionnaire Guerrazzi, une certaine jalousie et un esprit même de méfiance régnait entre eux.

Guerrazzi, considéré dans son parti comme l'homme le plus éminent et le plus dévoué, tournait en ridicule les idées mazziniennes. Il avait pour ami intime et confident de ses mystérieuses pensées Joseph Montanelli qui fut président du Conseil des ministres de la maison de Savoie, et triumvir du Gouvernement provisoire de la Toscane. Dès son enfance, Montanelli avait rêvé lui aussi les idées libératrices et indépendantes de son pays, et s'était nourri de penchants révolutionnaires, que les ardeurs d'une forte intelligence n'avaient fait que grandir. Il se mit en relation directe avec son maître Guerrazzi, et ses relations se changèrent bien vite en constante amitié. Voici ce que raconte Montanelli lui-même sur Guerrazzi :

« Un jour que je le rencontrai, j'avais
» moi-même exposé devant Guerrazzi les
» théories politico-mystiques vers les-
» quels m'entraînait ma nature enthou-
» siaste, mon extrême jeunesse et le
» goût des études philosophiques. Il me
» répondit que nous tous, nous lui
« faisions l'effet de bergers d'Arcadie;
« que pour son compte il suivait une

» autre voie, et, que du reste, plus d'un
» chemin conduisait à Corinthe. Quant
» à Mazzini, il en parlait comme d'un
» BUON FIGLUOLO, c'est-à-dire, d'un BON
» GARÇON, qui substituait à la réalité les
» rêves dorés de son imagination. La
» seule chose que je ne puis lui par-
» donner, c'est sa prétention de diriger le
» mouvement italien, tout en se tenant
» en dehors de l'Italie, et il disait à ce
» propos : Ne peut diriger le navire,
» celui qui n'est pas dedans (1). »

Ainsi, voilà deux hommes éminents dans l'esprit révolutionnaire, en lutte avec leurs principes, leurs mouvements d'action, critiquant mutuellement leurs actes et l'ambition de leurs folles doctrines. Guerrazzi était fédéraliste, Mazzini pour le principe unitaire. Il lançait secrètement des manifestes annonçant à l'Europe, que des milliers de soldats allaient se lever pour combattre. Mais Mazzini était un général sans armée, tous ses nombreux bataillons qui formaient son avant ou arrière-garde, n'étaient que des bataillons imaginaires,

(1) *Mémoires sur l'Italie*, par Montanelli, 2 v.

des fantômes errants qui s'effacent et disparaissent avec la même promptitude que l'œil perd la trace d'un feu follet qu'il aperçoit.

> Les follets sont des drôles
> Pétris d'ombre et d'azur,
> Qui font aux pieds des saules
> Un flamboiement obscur (1).

Voilà l'armée fantastique de Mazzini, décrite dans ce quatrain de Victor Hugo. C'est ainsi que sont du reste tous les conspirateurs qui, se cachant à l'ombre d'une proclamation mal dirigée, font planer autour deux des millions de combattants imaginaires, ne terrorisant que les niais ou les imbéciles.

Guerre à Dieu et à la patrie.

L'Internationale, cette institution démocratique par excellence, qui sauvegarde à sa manière grotesque les intérêts des travailleurs, fait non-seulement la guerre au capital et la famille, mais elle la déclare à Dieu et à la patrie.

(1) V. Hugo, *Chansons des rues et des bois.*

Lisez l'art. 1er des Statuts de Londres :

1° L'Alliance internationale se déclare athée, la négation de Dieu étant leur base fondamentale, elle demande l'abolition des cultes et la substitution de la science à la foi, et la justice humaine à la justice divine.

Elle déclare la guerre à la patrie, dans son article 7 du congrès de Bâle:

« Je demande la destruction de tous
» les Etats nationaux et territoriaux, et
» que l'on fonde l'état international des
» travailleurs, sur les ruines même de
» la patrie. »

Voilà la négation de Dieu bien définie dans leurs statuts et dans leurs principes, une guerre franchement ouverte avec le pays qui les nourrit.

Durant la sanglante insurrection du 18 mars, ils ont trôné ces braves sectaires ; ils avaient transporté dans Paris triomphant le siége de leurs folles doctrines, de leurs misérables erreurs: J'ai encore sous les yeux leur *Moniteur officiel*, et le lundi 3 avril 1871, j'y lis le décret suivant :

La Commune de Paris ;

Considérant que le premier principe de la République française est la liberté ;

Considérant que le budget des cultes est contraire au principe, qu'il impose les citoyens contre leur propre foi ;

Considérant en fait que le clergé a été complice des crimes de la monarchie contre la liberté ;

DÉCRÈTE :

Article premier. L'Eglise est séparée de l'Etat.

Art. 2. Le budget des cultes est supprimé.

Art. 3. Les biens dits de main-morte, appartenant aux congrégations religieuses, meubles et immeubles, sont déclarés propriétés nationales.

Art. 4. Une enquête sera faite immédiatement sur ces biens, pour en constater la nature et les mettre à la disposition de la nation.

Signé :

La Commune de Paris.

Et dans le n° du dimanche 7 mai 1871,

leur *Moniteur officiel* adressait la proclamation suivante :

Travailleurs nos frères !

En présence de la lutte terrible à laquelle vous provoque la réaction des Jésuites et des hordes privilégiées, en présence des calomnies haineuses que la réaction répand sur vous par la bouche impure de sa presse entretenue, il est du devoir de tous les groupes d'ouvriers d'affirmer hautement la solidarité fraternelle qui nous lie tous à tous à travers toutes les frontières. Ces calomnies, ces insultes qu'on décerne à la classe ouvrière traitée de bandits, de voleurs, aux figures ignobles, nous les acceptons pour nous tous, et nous nous portons tous garants de la sainteté de votre cause, qui est aussi la nôtre.

Dans la révolution communale du 18 mars, nous avons salué l'avénement politique de la classe ouvrière, et nous l'avons considérée comme le commencement de l'ère nouvelle de la réorganisation sociale. Vos noms inconnus aux ignorants de la Vendée royaliste, nous sont chers par votre dévouement connu et éprouvé à notre cause commune, et les principes que vous avez énoncés dans votre proclamation DE LA RÉPUBLIQUE DES PROLÉTAIRES, et qui sont aussi professés dans les grandes réunions de L'ASSOCIATION INTERNATIONALE, ces principes sont pour nous un gage certain que Paris préside en ce moment aux assises du nouvel édifice social.

De ce vrai édifice de la Liberté, de l'Egalité et de la Fraternité pour tous et pour toutes, et non pour une infime minorité de privilégiés, d'autant plus exécrables sont ceux qui s'imaginent de pouvoir noyer dans votre sang la tâche que vous avez entreprise.

Quoiqu'il arrive, votre œuvre ne périra pas, car c'est l'heure universelle de l'émancipation ouvrière, et nous ne faillirons pas à notre devoir, en poursuivant toujours et partout les mêmes aspirations, en continuant toujours et partout la même lutte, dont vous êtes les premiers des combattants. Devant notre solidarité internationale, devant le grand combat, dont l'éveil est donné par vous, la Vendée de la réaction payera cher chacune de vos victimes, et jamais une main ouvrière ne sera tendue en signe de paix à la main ensanglantée de nos oppresseurs communs. Ils ne veulent pas comprendre qu'ils entreprennent une guerre sans issue pour eux, et s'ils veulent faire de la France un vaste cimetière, leur besogne sera longue, car les vivants accourront de tous les points du monde pour demander compte de leurs assassinats.

Demain, frémissante de dégoût, la province se lèvera contre la réaction royaliste, laquelle, par ses hauts faits, doit nous rallier tous dans un sentiment de haine; elle est lente la province à se débarrasser des grands et petits bourreaux qui la tiennent garrotée comme à Lyon, à Saint-Etienne et à Toulouse; qui la bombardent comme à Marseille, Bordeaux, et dans d'autres villes; mais elle retrouvera son élan révolutionnaire, en comprenant que son sort à elle, tout comme à celui des travailleurs du monde entier, se joue en ce moment sur les murs de Paris.

Recevez donc, pionniers de la Révolution sociale et internationale, la reconnaissance fraternelle que nous vous envoyons, et l'assurance sincère et ferme des travailleurs qui seront tous toujours à vos côtés, consacreront tous leurs efforts à ce que le triomphe de la réaction ne puisse arriver avant la disparition du dernier de nous.

VIVE LA COMMUNE DE PARIS!
VIVE LA RÉVOLUTION DES PROLÉTAIRES!

Ont signé : F. Courdaux, Chénaz, Desborne, Dupleix, Théodore Duval, L. Garin, Guétat, Guillaumet, E. H. Jœrig, Lonchamp, L. Magnin, L. Blanc, J. Mogenet, Marguerittaz, J. Ph. Becker, N. Outine, Pélissier, H. Perret, Ch. Perrenond, F. Rochat, Rohr, B. Rossetti, J. Steines, A. Troussos, Vuarcher ;

Citoyennes : Marie Louvel, Nap. Perret, M. Petit-Pierre, M. Satler, M. Schindler, C. Vitoux.

Cette adresse aux travailleurs démontre jusqu'à quel point est portée la haine des prolétaires, c'est aujourd'hui une question d'intérêt personnel; celui qui ne possède point contre celui qui possède ; triste solution de la question sociale. Ils le déclarent hautement dans leur manifeste : « jamais une main ou- » vrière ne sera tendue en signe de » paix à la main ensanglantée de nos » oppresseurs : Vive la révolution des » prolétaires ! » Et ils ne comprennent point, ces malheureux ouvriers, que sans le secours de celui qui possède, il ne serait rien ; sa vie, son existence, son bonheur seraient en péril, et que sans les conseils consolants de la religion, que l'Internationale abolit de son Code, il deviendrait semblable à l'animal sauvage, ne poursuivant que de coupables projets, qui sombrent inévitablement au lieu d'arriver au bon port.

L'Internationale à Saint-Pétersbourg et à New-York.

Vous connaissez les déclarations insensées du russe Bakounine au comité de Londres. L'intérieur de la Russie est également travaillé par cette masse impuissante, mais criarde d'internationaux. Le Czar lui-même n'a pu et ne peut empêcher les manifestations communardes de se produire dans son empire. Voici ce qui nous est raconté par un feuille russe arrivant de Kiew, à la date du 5 avril 1871 :

Il a été défendu à tous les journaux russes, de parler des faits et gestes et des manifestations de l'*Internationale* qui ont eu lieu dernièrement à Pétersbourg. Il ne sera donc pas sans intérêt pour tous d'apprendre qu'à l'occasion d'un banquet offert par les étudiants de Pétersbourg à ceux de Moscou, des toasts chaleureux furent portés avec enthousiasme à la République française et aux principes démocratiques internationaux.

On voulut aviser le Comité de Paris et de Londres, seulement, on eut la légèreté juvénile d'expédier tout simplement la dépêche par le bureau du télégraphe, lequel, au lieu de l'envoyer directement, la remit au ministre de la police russe. Le Czar devint furieux en apprenant cette nouvelle, et depuis lors on fait de nombreuses arrestations, et dans les autres grandes villes de la Russie. A Kiew, une vingtaine de jeunes gens ont été arrêtés. La police prétend être sur les traces d'une vaste conspiration démocratique ayant des ramifications dans tout l'empire, et dont le but serait de renverser l'ordre actuel, et le rétablissement de la République en Russie. On croit que l'explosion démocratique à Pétersbourg n'a été que l'expression d'idées et d'opinions longuement préparées. Aussi traite-t-on avec une cruauté extrême les prisonniers qui n'avouent pas Ils sont enfermés pendant de longues journées dans des trous, sans feu, par une température de 25° de froid, sans nourriture et sans eau. La police veut à tout prix des aveux pour donner gain de cause à la fureur du Czar.

De même, en Amérique, l'*Internationale* fait encore des siennes. Comme en Angleterre, en Espagne et en Suisse, elle a ses représentants dans le Nouveau-Monde. Les séances du Comité de Londres sont suivies avec assiduité, les comptes-rendus y sont l'objet de vives explications, et les vœux les plus ardents pour le triomphe des prolétaires sont formés. New-York vient de célébrer par un grand banquet la triste Révolution française du 18 mars. Voici une circulaire de l'*Internationale* que le *Français* publie sans commentaires.

Un manifeste de l'Internationale.

Le 18 mars a été fêté à New-York par les membres de l'*Internationale*. Un banquet a eu lieu; il avait été précédé de l'appel suivant, publié par le *Socialiste* :

Le 18 mars ! — Grand banquet de l'Internationale.

« Trois fois le prolétariat français s'est levé pour conquérir ses droits; trois fois il a été vaincu, traqué, fusillé, mitraillé, emprisonné, exilé, exporté !

En 1832, les prolétaires de Lyon inscrivaient en lettres rouges sur leur drapeau noir :

» Vivre en travaillant ou mourir en combattant !

» Et leur défaite préparait l'organisation révolutionnaire du prolétariat par les sociétés de résistance et par les sociétés secrètes.

» En juin 1848, les prolétaires de

Paris proclamaient le droit au travail et inscrivaient sur leur drapeau rouge :

» Du pain ou du plomb !

» Et leur défaite assurait l'établissement du vote universel, c'est-à-dire la négation de la monarchie.

» En 1871, les prolétaires de Paris proclamaient la Commune et la fédération des travailleurs avec cette devise :

» La Commune aux citoyens, la terre aux paysans, la mine aux mineurs, l'outil aux ouvriers.

» Et leur défaite sonnait le glas funèbre de la vieille unité française pour rendre au peuple le sentiment de son initiative.

» Ainsi, en réalité, chacune de ces défaites est une victoire partielle. Martyrs, dormez en paix, votre sang n'a pas coulé en vain.

» D'ailleurs, ces défaites étaient nécessaires.

» Il fallait que ces milliers de proscrits fussent jetés dans l'exil afin que désormais ce ne soit plus seulement le prolétariat français, mais le prolétariat du monde entier qui pense, s'agite, s'organise et se prépare à la lutte.

» 1848 fut l'expression sociale de la révolution : l'organisation sociale sur les bases de la justice.

» 1871 en est l'expression politique : la liberté de la commune et de l'atelier et la fédération des groupes.

» Désormais le programme est complet et l'Association internationale des travailleurs a pour mission de l'immortaliser.

» La victoire est proche ! »

Avis à l'Empereur de Russie; pour l'Amérique, nous sommes certains d'avance que les opinions insensées de l'*Internationale*, ne prendront point racine dans ce pays de la liberté.

La Franc-Maçonnerie, l'Internationale Apologie du drapeau rouge.

La Franc-Maçonnerie et l'Internationale sont sœurs, aussi se sont-elles rencontrées aux beaux jours de la Commune triomphante. Dans la séance du 26 avril 1871, la Commune reçut ce jour-là dans la cour d'honneur une députation des francs-maçons, qui venait déclarer qu'elle avait résolu de planter ses bannières sur les remparts de Paris, et que si une seule balle les touchait, les F∴ M∴ marcheraient d'un même élan contre l'ennemi commun.

Le F∴ Térifoque déclara « que depuis le jour où la Commune était proclamée » la franc-maçonnerie a compris qu'elle serait la base de nos réformes sociales.

« C'est la plus grande révolution, s'écria le vénérable arlequin, qu'il ait jamais été donné au monde de contempler. » A peine avait-il commencé son burlesque discours, que sa voix fut étouffée par de nombreux cris de : Vive la Commune ! vive la franc-maçonnerie ! vive la République universelle !

Le citoyen Jules Vallès, membre de la Commune, remercia la députation et décerna au F∴ Térifoque une écharpe, en lui disant de la conserver dans les archives de la franc-maçonnerie, en souvenir de cette mémorable journée.

Le citoyen Lefrançais déclara à son tour, que depuis longtemps il était uni à la franc-maçonnerie, ayant été reçu dans la loge écossaise n° 133, loge qui passait pour être la plus républicaine, qu'il était persuadé; le but de son association était étroitement lié à celui de la Commune et de l'*Internationale.*

Le citoyen Alix ajoute que la Commune de Paris a mis en pratique, sous une forme nouvelle, ce que la franc-maçonnerie a depuis longtemps affirmé, que la construction du temple fut certainement pour l'époque, la réorganisation du travail.

Le F∴ V∴, de la loge écossaise, dans une chaleureuse improvisation, annonce que la Commune, nouveau temple de Salomon, est l'œuvre que les F∴ F∴ M∴ doivent avoir pour but, c'est-à-dire la justice, le travail et le devoir comme base de la société.

La députation était composée de plus de deux mille fous ou francs-maçons, et se retira avec l'écharpe du citoyen Vallès, escortée d'un énorme drapeau rouge, et d'une foule de curieux ou badauds qui les escortaient, contemplant avec froideur ce spectacle tout nouveau pour eux. Une délégation de la Commune reconduisit la députation maçonnique jusqu'à la rue Cadet, et fut acclamée sur son passage par tous les frères et amis des illustres citoyens Dombronski, Woleski, Mottu, Cluseret, Delescluze, Assi, Rochefort et Billioray, et *tutti quanti, ejusdem farinæ.*

Trois jours plus tard, ils donnèrent une nouvelle représentation. Le 29 avril, les francs-maçons se rendirent en corps à l'Hôtel-de-Ville, pour annoncer aux membres de la Commune que la franc-maçonnerie allait essayer une nouvelle démarche pacifique, en arborant le drapeau maçonnique sur les remparts de Paris, et que s'ils échouaient, la franc-maçonnerie toute entière devait prendre parti contre Versailles. En effet, dès neuf heures du matin, une députation des membres de la Commune sortit de l'Hôtel-de-Ville musique en tête, se dirigeant vers le Louvre, à la rencontre de la manifestation franc-maçonnique. A onze heures, la manifestation était de retour, et les francs-maçons faisaient leur entrée dans la cour d'honneur de l'Hôtel-de-Ville. La garde nationale formait la haie. La Commune tout entière s'était placée sur le balcon, du haut de l'escalier d'honneur, devant la statue de la République, ceinte d'une écharpe rouge et entourée de trophées des drapeaux de la Commune.

Les bannières maçonniques vinrent se placer successivement sur les marches de l'escalier, étalant aux yeux de tous, leurs soi-disant maximes burlesques, qu'ils appellent humanitaires, maximes qui sont les bases de la Commune et de l'*Internationale*. Aussitôt leur arrivée, des cris de : Vive la franc-maçonnerie ! vive la Commune ! vive la République universelle ! se firent entendre de tous côtés. Alors le citoyen Félix Pyat, en ce moment, dit-ou, est à Londres, qui a eu le talent d'abandonner ses coréligionnaires au moment du danger, prononça les paroles suivantes :

« Frères, citoyens de la grande
« patrie, de la patrie universelle, fidèles
« à nos principes communs : liberté,
« égalité, fraternité, et plus logique
« que la ligue des droits de Paris, vous
« tous francs-maçons, vous faites suivre
« vos paroles de vos actions. Aujour-
« d'hui les mots sont peu, les actes
« sont tout. Aussi, après avoir affiché
« votre manifeste, le manifeste du

« cœur, sur les murailles de Paris,
« vous allez maintenant planter votre
« drapeau d'humanité sur les remparts
« de notre ville, assiégée et bombardée;
« vous allez protester ainsi contre les
« balles homicides et les boulets fratri-
« cides, au nom du droit et de la paix
« universelle.

» Aux hommes de Versailles, vous
« allez tendre une main désarmée et
« désarmée pour un moment, et nous,
« les mandataires du peuple et les défen-
« seurs de ses droits, les élus du vote, nous
« voulons nous joindre tous à vous, les
« élus de l'épreuve, dans cet acte frater-
« nel.

» La Commune a décidé qu'elle choi-
« sirait cinq de ses membres pour avoir
« l'honneur de vous accompagner, et
« il a été proposé justement que cet
« honneur serait tiré au sort; le sort
« a désigné cinq noms favorisés pour
« vous suivre, pour vous accompagner
« dans cet acte glorieux, victorieux.

« Votre acte, citoyens, restera dans
« l'histoire de la France et de l'huma-
« nité. Vive la République universelle ! »

Le citoyen Beslay, membre de la

Commune, ému du discours de Pyat, voulut à son tour se faire entendre, et s'exprima en ces termes :

« Citoyens, voilà cinquante-six ans
« que je suis franc-maçon, aussi mon
« devoir est-il de me trouver aujour-
« d'hui au milieu de vous tous. Que
« vous dirai-je, après les paroles élo-
« quentes de Félix Pyat? Vous allez
« faire un grand acte de fraternité en
« posant votre drapeau sur les rem-
« parts de Paris, et en vous mêlant
« dans nos rangs contre les ennemis
« de Versailles.

« Citoyens, frères, permettez-moi de
« donner à l'un de vous l'accolade fra-
« ternelle. »

Le citoyen Beslay embrasse l'un des francs-maçons placés près de lui. Applaudissements, vive la Commune! vive l'Internationale! vive la Républi-que universelle!

Alors un franc-maçon tenant une bannière à la main s'avance et déclare : Je réclame l'honneur de planter la pre-mière bannière sur les remparts de Paris, la bannière de la persévérance, qui existe depuis 1790. (Bravos.)

La musique du bataillon entonne immédiatement la *Marseillaise*; tous les
assistants entonnèrent en chœur le
refrain : Aux armes citoyens !

Après la musique, le citoyen Léo
Meillet fit l'apologie du drapeau rouge :
« Ce drapeau, citoyens, c'est le drapeau
« de la paix universelle, le drapeau de
« nos droits fédératifs, devant lequel
« nous devons tous nous grouper, afin
« d'éviter qu'à l'avenir une main,
« quelque puissante qu'elle soit, ne
« nous jette les uns sur les autres
« autrement que pour nous embrasser.
« Le drapeau rouge est le drapeau de
« la Commune de Paris, celui de l'In-
« ternationale et de la franc-maçonnerie;
« il sera placé au devant de vos banniè-
« res, et devant les balles homicides de
« Versailles.
» Quand vous les rapporterez, ces
« bannières de la franc-maçonnerie,
« qu'elles reviennent déchirées ou in-
« tactes, le drapeau rouge de la Com-
« mune n'aura pas faibli, il les aura
« accompagnées au milieu du feu, et ce
« sera la preuve de leur union insépa-
« rable. » (Applaudissements). Le ci-

toyen Térifoque prit alors l'immense drapeau rouge des mains du citoyen Léo Meillet; l'agitant, s'adressant aux franc-maçons : Citoyens mes frères, » l'heure des discours est passé, main- » tenant plus de paroles, à l'action. » Toute la députation suivit le citoyen Térifoque, et pendant le défilé l'orchestre jouait la *Marseillaise*.

Que le lecteur juge et apprécie, par ces actes authentiques, les faits et gestes grotesques de la Commune, de l'Internationale et de la franc-maçonnerie.

La Franc-Maçonnerie à Constantinople.

Un cœur généreux, un véritable ami de la France, un sincère et profond patriote, mon ami F. A. Descamps, affligé des malheurs et des revers que notre patrie dut subir en 1830, voulut suivre dans l'exil la royauté légitime proscrite.

Son père, gardien du palais de Versailles, et le jeune Descamps, alors officier d'artillerie, quittèrent la France avec la famille royale, voulant partager avec elle sur la terre étrangère, et ses deuils et ses souffrances. Il dirige ses pas chancelants encore vers l'Orient, et fixe son quartier-général et sa résidence définitive dans la capitale de l'empire ottoman. Depuis plus de trente ans qu'il réside à Constantinople, sa ligne de conduite ne s'est jamais départie, sa foi politique comme sa foi religieuse ont grandi dans l'exil; il fut toujours le généreux défenseur de l'illustre descendant du petit-fils d'Henry IV, l'apôtre le plus fervent et le plus fidèle de l'Eglise catholique, apostolique et romaine. Aussi, au milieu de ces populations musulmanes, devint-il bientôt le point de mire des révolutionnaires orientaux. Rien n'a pu ébranler ni sa foi ni son courage, et voici le texte d'une de ses dernières lettres, qu'il m'adressait en novembre dernier, qui prouve toutes les tentatives, tous les travaux occultes auxquels se livrent les franc-maçons et les internationaux dans l'extrême Orient :

Péra de Constantinople,

14-9 novembre 1871.

Mon cher ami,

Après vous avoir fait comprendre les causes de nos plaies profondes, permettez que j'ajoute un portrait succinct de ces êtres sans foi ni loi, qui depuis 1793 ont empoisonné notre jeunesse par leurs écrits mensongers, afin de la précipiter dans ce cahos qu'elle ne comprenait pas, et dans lequel elle ne se serait jamais laissé entraîner, sans l'hypocrisie effrontée de certains êtres immondes qui ont perdu de la nature, ce que le Créateur de toutes choses leur avait donné pour les faire ressembler à sa divinité.

Regardez, puis étudiez attentivement les gestes des yeux du hibou, oiseau nocturne, et vous aurez la ressemblance exacte de ces êtres humains, lorsqu'ils vous regardent, qui bon gré malgré veulent tout précipiter dans le néant ; lorsqu'en plein jour ils vous parlent, leurs regards hypocrites cherchent à pénétrer si dans les vôtres il n'y a pas quelque chose qui puisse leur ressembler, afin de vous entraîner petit-à-petit dans leurs filets infernaux, qu'avec leurs semblables ils fabriquent et mettent en pratique dans le silence de la nuit ; je ne m'étends pas davantage sur ce simple portrait succinct ; seulement, pour mieux vous le faire ressortir, voici ce que je jette à la face de ces mêmes êtres, qui ont eu l'audace de m'adresser secrètement des anonymes sales et infâmes dont je vous livre la copie exacte : ces écrits ne m'ont nullement effrayé, parce qu'au style j'ai reconnu les auteurs, que je ne daigne pas même nommer, parce que leur existence dans ces contrées dégrade le nom de France, qui les a répudiés de son sein :

Le 14 octobre, à 11 heures du matin.

1er *Avertissement.*

Monsieur et ennemi juré,

Avant tout laissez-nous vous dire que l'on vous connaît et que nous savons parfaitement que c'est vous qui avez détourné M. P... de la B....... de la bonne voie, de la seule bonne qui est la nôtre.

Aussi nous vous haïssons, et la haine d'un franc-maçon c'est, sachez-le bien, la mort rien que la mort; prenez garde, vous prétendez avoir sauvé le roi, si cela est vrai, vous avez ce jour-là compromis votre tête, car en sauvant le fils de la comédienne, le bâtard du duc de Berry tombé sous le poignard de l'un des nôtres, vous portiez un coup très grand à la puissance du grand architecte qui, croyez-le, a la mémoire de la vengeance.

Depuis cette époque vous avez toujours, par vos écrits, cherché à nous nuire. Votre jour avance, tremblez.

En notre loge.

——

Le 14 octobre, à 8 heures du soir.

Au révérend père Descamps, ancien l....... promoteur, chevalier de Saint-Louis, correspondant de l'*Abeille*, journal des dentistes, inventeur non breveté des dents à pivots mobiles, à base de gomme élastique, propagateur des livres légitimistes, non salut et non bénédiction.

Vieux Henriquinquiste défoncé, pourfendeur de moulins à vent, nous te haïssons; prends garde à ta peau, nous voulons l'enfoncer. Tu connais la vie des camps, vieux militaire, chevalier du chicot, toi qui as assisté à l'ébranlement de tant de bouches, à l'extirpation de tant de molaires, canines et autres; un parent de Ravaillac a l'œil sur toi prêt à couper le fil de tes jours déjà trop longs; tâche de ne pas oublier ton outil à extirper les racines. A ta sortie, une pluie de décorations, crachats et autres t'attend.

Oh! la la. En avant la grosse caisse, clairons sonnez, tambours battez : v'là Descamps qui fout son camp. Oh! la la. Descamps, charlatan, — 11, rue Linardi.

— Nous connaissons ton adresse, vieux extracteur de molaires, canines, incisives, os cariés et autres; vieux vagin, au Pont-Neuf, à Chaillot.

Le 25 octobre, à 8 heures du soir.

Loge 14. — Carbonari n° 8. — Section 6.

C'était un homme à cheveux blancs croyant à Dieu, son seigneur et son maître ; il était, croyez-le, le dernier de son temps, aimant encore ce que tous nos enfants sans aucun doute enverront bientôt paître.
Cachetez votre portrait, M. Descamps.

CRI DU FRANC-MAÇON

Néant à la vertu qui n'a jamais été ;
Néant à l'amitié sœur de la sodomie ;
Néant, néant à Dieu, cette vieille momie
Qui moisit dans l'éternité.

—

Aux auteurs de ces lettres que je méprise, voici ce que je leur adresse, surtout à l'instigateur, dont les expressions sales ressortent dans les deux dernières.

En traçant ces mots à mon adresse,
Mon vrai but est de faire comprendre
Qu'ils ne peuvent avoir été tracés
Seulement que d'une main immonde,

Dont le sang a perdu sa couleur rouge
Dans les sentiers de ces lieux immondes,
Que Sodome et Gomor ont tracés ,
Pour que chacun puisse apprendre
Que c'est là où se trouve l'adresse
De ces lieux, qui sont appelés Bouge.

F. A. Descamps.

Du rôle de l'Internationale dans les campagnes.

L'Internationale ne se contente plus aujourd'hui de contrebalancer ses fatales opinions au sein des grandes villes , où sont agglomérées les classes ouvrières , et les intrigants de toutes sortes; mais elle veut étendre le réseau de son association dans nos campagnes, bourgs et villages. Elle cherche, comme le serpent dans les bois, à s'insinuer furtivement dans le cœur et l'âme des paysans, en lui suggérant par les amorces d'un soit-disant bien-être irréalisable , les funestes erreurs et les folles ambitions de leurs passions subversives. Voici une déclaration qui a été arrêtée au comité de Londres le 23 septembre dernier :

« La conférence invite le conseil général, et les conseils ou comités fédé-

« raux, à préparer pour le prochain
« congrès des rapports sur les moyens
« d'assurer l'adhésion des producteurs
« agricoles au mouvement du proléta-
« riat industriel.

« En attendant, les conseils ou co-
« mités fédéraux des divers pays sont
« invités à envoyer des délégués dans
« toute la campagne, pour y organiser
« des réunions publiques, faire de la
« propagande pour l'*Internationale* et
« fonder des sections agricoles. »

L'association internationale, comme
on le voit par ces articles, veut pénétrer dans toutes nos campagnes, y
créer des sections agricoles, en orga-
nisant des réunions publiques. Mais je
doute fort que nos braves paysans se
laissent prendre à leur hameçon empoisonné.

Le paysan amoureux de ses terres,
qu'il a cultivé et fructifié au prix de sa
sueur et de ses longs sacrifices, ne
voudra jamais comprendre cet apport à
la masse, et quand un des membres de
l'*Internationale* lui tiendra ce langage:
Ce champ que tu as fécondé, ce domaine
que tu as agrandi par le produit de tes

nobles épargnes; ce grand bois que tu émondes, qui t'apporte de beaux revenus; cette vigne que tu cultives avec tant de soins, et dont le vin généreux réveille nos cœurs; hé bien! champs, domaine, bois et vignes, rien de tout cela ne doit t'appartenir... tout doit rentrer dans notre communauté. Soyez persuadé qu'alors, à ce seul et comique langage, ces braves paysans resteront non-seulement sourds à leurs insensés discours, et s'ils insistaient auprès d'eux, ils répondraient à coups de fourches ou de bâtons, à l'appel de l'*Internationale*. Ce n'est point là où la fédération trouvera de nouveaux adeptes. Les campagnards ont l'esprit trop sensé pour se laisser ainsi désabuser, et les champs qu'ils ont fécondé par les fruits de leur sueur et de leur fatigues, demeureront la propriété du vrai travailleur et non la proie des fainéants.

La Contre Internationale. Ligue des Conservateurs.

Ainsi que je l'ai démontré, l'on peut juger aujourd'hui, d'une manière très précise, tous les appoints qu'apporte *l'Internationale*, non-seulement en France, mais dans toute l'Europe. Sa main se montre à découvert dans toutes les grèves ouvrières. C'est ainsi qu'en ce moment où j'écris ces lignes, les ouvriers graveurs et guillocheurs de la Chaux-de-Fonds, en Suisse, sont en grève depuis le 4 avril. Cette corporation ouvrière est toute entière affiliée à *l'Internationale*, qui au Congrès qui a eu lieu en Suisse, le 18 février 1872, s'est augmentée de huit sections de plus. Ils ont établi leurs sections dans les villes suivantes : à la Loche, Neufchâtel, Val-Saint-Imier, Fleuries, Druisne, Genève, Sainte-Croix et la Chaux-de-Fonds ; ils sont six cents membres environ, leur Comité central est à la Chaux-de-Fonds.

C'est pour opposer une digue à ce flot envahisseur, que des cœurs généreux ont pris l'initiative de fonder à

Paris une ligue de conservateurs, sous le nom de la Contre-Internationale. Déjà plus de cent mille adhésions sont arrivées au Comité central, et chaque jour qui se succède vient grossir la nouvelle armée qui doit un jour rendre à l'Europe et au monde son repos et son bonheur, troublés depuis plus de quatre-vingts ans. La Contre-Internationale fait appel à toutes les classes de la société. Aristocratie, bourgeoisie, peuple, armée, magistrature, fonctionnaires, employés, propriétaires, rentiers, commerçants, agriculteurs, ouvriers, à quelque parti qu'ils appartiennent, sont appelés à prêter leur sympathique concours contre l'œuvre de destruction des Vermorel, des Félix Pyat, des Gambon, des Razoua, et de tous les buveurs d'absinthe et frétilleurs de guinguette ou d'estaminet, qui convoitent plutôt votre fortune que la réussite de leurs principes destructeurs. Elle a pour but le salut de la société et de la civilisation moderne, l'amélioration du sort des travailleurs des villes et des campagnes ; en un mot, une vaste association mutuelle de tous les citoyens, en venant

en aide aux branches d'industrie atta-
quées, et donnant aux malheureux
ouvriers en grève, un subside bien
supérieur à celui qu'ils trouveraient
dans *l'Internationale.*

La cotisation sera des plus minimes.
Un sou par semaine; l'on peut envoyer
son adhésion à nos amis A. et A. Azur,
promoteurs de la Contre-Internationale,
24, rue Taitbout, à Paris. Déjà le 15
février dernier, une première séance
du conseil général s'est tenue à Paris,
où les promoteurs ont exposé au conseil leurs rapports, qui annoncent que
les sections se forment dans toutes
les grandes villes, et que les puissan-
ces étrangères ont répondu à notre
appel. Nous formons les vœux les plus
ardents pour la réussite de cette vaste
association toute civilisatrice, et nous
ferons tous nos efforts pour prêter aux
honorables Messieurs Azur, notre concours le plus actif et le plus dévoué.

A LA MÊME LIBRAIRIE

HENRY DE SAINT LÉON

Henry V, roi de France, 17e édition, brochure in-12   50 c.

Henry de France, son passé, son présent, son avenir; 8e édition, forte brochure in-12, ornée d'une très belle photographie du prince.   75 c.

Au Peuple, aux habitants de nos campagnes, aux honnêtes gens de toutes les opinions, plus de préjugés, brochure in-18, 18e édition.   20 c.

EUGÈNE REYNIS

Place au roi de France ; forte brochure in-8°, imprimée sur beau papier, 9e édition.   1 fr.

E. BÉNÉZET

Le Roi, lettres à M. Thiers, forte brochure in-12, 4e édition,   1 fr.

La France, nouvelles lettres à M. Thiers, forte brochure in-12.   1 fr.

LOUIS DE FONTENILLE

ancien rédacteur du *Moniteur universel.*

Des causes de la chute de l'empire, et de l'avortement du 4 septembre, brochure in-8°.   1 fr.

PROSPER VÉDRENNE

Vive le Roi, forte brochure in-8°,   1 fr.